AF340269

CONVERSATION

ENTRE

DEUX MÈRES,

SUR LA

PREMIÈRE ÉDUCATION

DES ENFANS.

NANCY,
chez M.... BLAISE, faubourg St.-Pierre, n. ...
1837.

ENTRE

DEUX MÈRES,

SUR LA

PREMIÈRE ÉDUCATION

DES ENFANS.

Prix: 30 c.

NANCY,

Chez M.lle BLAISE, faubourg St.-Pierre, n.° 88.

1837.

PROPRIÉTÉ.

DE

INTRODUCTION.

Madame Deschamps, déjà citée dans un petit ouvrage intiulé *Les Soirées de Septembre*, avait parfaitement réussi dans l'éducation de ses enfans. Aussi, les personnes qui désiraient avoir le secret de bien élever leurs enfans, venaient-elles souvent la consulter et recueillir ses avis.

Voici une conversation des plus intéressantes, qu'elle eut un jour, à ce sujet, avec Madame Miller, et que cette dernière a bien voulu nous donner par écrit, afin que d'autres mères pussent en profiter comme elle en a profité elle-même.

CONVERSATION

ENTRE

DEUX MÈRES,

SUR LA

PREMIÈRE ÉDUCATION

DES ENFANS.

MADAME MILLER.

Il faut absolument que je vienne prendre quelques leçons de vous, Madame; vos enfans pourraient servir de modèles à ceux de toute la ville, et les miens sont de vrais diables dont on ne saurait jouir.

MADAME DESCHAMPS.

Vous êtes toujours trop polie, Madame. Il est vrai que mes enfans sont dociles et très-faciles à élever; mais cela dépend des habitudes qu'on leur fait prendre dès la première enfance. Les vôtres sont d'un bon naturel, cela est peint sur leur physionomie; mais, souffrez que je vous le dise, vous les avez un peu gâtés.

MADAME MILLER.

Comment donc faire pour ne pas les gâter ?... Excepté deux ou trois fois, que les plus grands m'avaient mise tout de bon en colère, je n'ai jamais eu le courage de les corriger. D'ailleurs, si je les punissais chaque fois qu'ils font mal, je les punirais depuis le matin jusqu'au soir. Je leur répète vingt fois la même chose, et ils ne m'écoutent pas plus que si je ne disais rien. La *bonne* les gâte encore plus que moi; elle est d'une complaisance sans égale, elle se prête à toutes leurs fantaisies, et cependant les deux garçons pleurent presque toute la journée?

MADAME DESCHAMPS.

Vous vous confessez tout haut, Madame. Si je vous disais que tout cela est de votre faute, vous m'en sauriez peut-être mauvais gré; cependant la confiance que vous me témoignez me porte à vous dire tout naïvement cette désagréable vérité. Toutes les mères qui se plaignent de l'indocilité de leurs enfans ne devraient s'en prendre qu'à elles-mêmes, et se punir au lieu de punir leurs enfans: car, les défauts des enfans viennent presque toujours de la faute de ceux qui les élèvent. N'est-il pas vrai, Madame, que vous sentez un plaisir secret quand vos enfans font quelque chose de bien? et que, au contraire, vous êtes confuse lorsqu'ils font des choses répréhensibles? C'est la nature qui vous dit en secret que le bien et le mal qu'ils font est votre propre ouvrage.

MADAME MILLER.

Cela est vrai ; c'est une réflexion que je n'avais jamais faite. Je ne suis pourtant point de ces mères aveugles qui croient toujours mieux faire que les autres, et qui ne veulent jamais convenir qu'elles ont tort ; mais pour me rendre il faut que je sois persuadée. Vous pouvez me parler sans aucun ménagement, et en toute liberté, sur l'éducation des enfans : vos avis ne peuvent m'être suspects, puisque vous avez si bien réussi. Quelle est, selon vous, la meilleure manière de les élever ?

MADAME DESCHAMPS.

Vous me faites une grande question, Madame ; car il faut varier selon les différens caractères des enfans. La meilleure manière est celle qui est inconnue de presque toutes les mères, celle qu'à peine une seule femme sur mille sait mettre en pratique. Je pourrais répondre à votre question avec assez de justesse en vous disant : Ne faites pas ce que font toutes les personnes qui élèvent des enfans, et vous serez sûre de bien faire. On dirait que tout le monde s'accorde, grands et petits, riches et pauvres, jeunes et vieux, pour gâter les enfans.

MADAME MILLER.

C'est qu'on les aime tant, les pauvres petits !.... On les gâte.... C'est-à-dire qu'on les rend un peu malins; et souvent ils n'en sont que plus aimables. Ma petite Clarisse, qui n'a pas encore un an, ne me paraît jamais si bonne que quand elle veut me battre : je la croquerais bien lorsqu'elle ferme ses deux petits poings avec une grosse mine menaçante. Aussi, je ne peux alors m'empêcher de la manger de caresses.

MADAME DESCHAMPS.

Pardon, Madame, vous pouvez vous en empêcher, et vous le devez. Chaque fois que votre petite se met en colère, ou qu'elle essaie de vous battre, il faut lui montrer un air sévère, afin qu'elle comprenne que cela n'est pas bien ; ce n'est pas du tout le moment de la caresser. Une mère qui veut le bien de ses enfans, doit être assez raisonnable pour se priver du plasir de les caresser quand ils font mal. Mais c'est justement ce que l'on ne fait point : que les enfans pleurent, qu'ils ne pleurent pas, qu'ils soient sages, qu'ils soient mutins, on les caresse pour le plaisir de les caresser, sans s'inquiéter si cela peut les rendre bons ou méchans.

MADAME MILLER.

Mais, ma pauvre petite ne sait ce qu'elle fait. A un an, voulez-vous que je la gronde? ses petits coups sont pour moi autant de caresses.

MADAME DESCHAMPS.

Dès l'âge de cinq ou six mois les enfans commencent à penser, et à se faire servir le mieux du

monde ; donc, il y a déjà en eux quelque commen-
cement de raison. Ils voient parfaitement bien,
par le visage de leur mère, si elle les approuve ou
si elle les gronde : ils ne comprennent pas le sens des
mots ; mais, si leur mère ne sait pas les maîtriser,
ils la maîtrisent si bien qu'elle devient leur esclave.
Témoin le mal que les enfans gâtés font à leur mère.
Cent fois j'ai vu des parens s'amuser, non-seulement
à rire du mal que faisaient leurs petits enfans, mais
encore à les contrarier pour le plaisir de les voir
en colère, à leur apprendre à dire des injures:
« Dis tel nom à ton frère, à ta sœur ; tire-lui les
cheveux ; donne-lui un coup de pied. » N'est-ce
pas là avoir pour ses enfans une amitié bien cruelle,
et les rendre méchans par plaisir?

MADAME MILLER.

Vous avouerez, Madame, qu'il est impossible de
ne pas rire quelquefois de leurs petites malices.

MADAME DESCHAMPS.

Je le sais bien ; cela m'est arrivé fort souvent ;
mais le tort des mères est d'en rire devant leurs
enfans, et de raconter en leur présence ces sortes
de petites malices qui rendent les enfans si intéres-
sans aux yeux des mères. Combien de fois n'ai-je
pas entendu des mères idolâtres dire à leurs enfans,
d'un air riant et approbateur : « On ne fait pas
comme cela, Monsieur, cela n'est pas beau ; on ne
dit pas des choses malhonnêtes ; cette dame ne vous

aimera plus. » Puis elles les caressaient comme s'ils avaient bien fait. Certes, les enfans ne peuvent penser autre chose sinon que leur mère les approuve. On dira cent fois à un enfant qu'une chose n'est pas bien, si l'on rit, si on le caresse en le lui disant, il ne s'attachera pas à une suite de mots qu'il ne connaît qu'imparfaitement, mais il recommencera à faire cette même chose qu'on lui défend, puisqu'on rit et qu'on le caresse quand il la fait.

MADAME MILLER.

Cette conséquence me paraît très-juste ; mais, Madame, ne passerez-vous donc rien aux mères ?

MADAME DESCHAMPS.

Je ne leur passerai jamais des fautes aussi essentielles. Qu'elles caressent leurs enfans quand ils sont sages, et non quand ils sont méchans. Il y a aussi des femmes qui répètent comme des choses extraordinaires tout ce que disent leurs enfans : elles ne se contentent pas de les admirer elles-mêmes, il faut encore que tout le monde les admire. Aussi les petits marmots, qui s'entendent louer sans cesse, s'imaginent que tout en eux est merveille. J'en ai entendu qui, bégayant à peine, disaient à leur mère, d'un petit ton tout plein d'eux-mêmes, et déjà tout bouffis d'orgueil : « Maman, me voilà ; maman, j'ai fait ceci, j'ai fait cela ; maman, j'ai battu le chien ; j'ai grondé ma bonne. » Autant il est mauvais de ne jamais dire aux enfans qu'ils font bien, quand ils font bien en effet, autant il est dangereux de les admirer en tout ce qu'ils font.

MADAME MILLER.

Pour ceci, Madame, c'est mon défaut; mais je crois que les enfans n'y font pas attention : ils rient, ils pleurent, ils sont si distraits, comment pourraient-ils réfléchir?

MADAME DESCHAMPS.

La preuve que les enfans pensent et réfléchissent beaucoup plus qu'on ne croit, c'est qu'ils crient; qu'ils font tapage pour obtenir ce qu'ils désirent, quand par ce moyen ils ont obtenu plusieurs fois ce qu'on ne voulait pas leur donner: ils ne crient, ils ne pleurent, que parce qu'on a cédé à leurs premiers entêtemens. Ceux qui gâtent les enfans s'imaginent les apaiser en cédant à leurs cris importuns, mais cela ne fait qu'augmenter le mal : l'expérience prouve que plus on cède à leurs caprices, plus il faut céder, et plus les enfans deviennent criards et insupportables à tout le monde.

MADAME MILLER.

Il est bien force de céder: il y a des enfans qui pleureraient des journées entières.

MADAME DESCHAMPS

Il faut savoir prévenir le mal en ne donnant point à un enfant difficile l'occasion de se mutiner,

de se mettre en colère ; et cela sans qu'il puisse se
douter qu'on craint son tapage ; mais il ne faut
jamais, encore une fois jamais, céder à son entêtement : ce serait tout gâter en un instant. Et
cependant que fait-on ? tout le contraire. « Donnez-
lui donc ce qu'il demande, je suis lasse de l'entendre crier. Tiens, méchant, et tais-toi. » Et en même
temps on donne à l'enfant l'objet qu'on lui avait
d'abord refusé. « Laissez donc cet enfant là, vous
allez le faire pleurer, et puis il ne pourra plus se
taire : une fois qu'il s'y met, il fait un tapage à n'en
plus finir. » Et tout cela se dit devant l'enfant.
D'autres fois, pour apaiser un enfant, on le trompe ;
on lui fait croire mille choses qui ne sont pas ; on
frappe derrière une porte, on fait des cris dans un
endroit noir, et puis on lui dit que c'est une grosse
bête qui va le manger. Voilà ce que font tous les
jours même les personnes qui croient bien élever les
enfans. Pourquoi leur refuser une chose et ensuite
la leur donner parce qu'ils sont méchans, parce
qu'ils tourmentent ? Pourquoi leur laisser voir que
leurs cris importunent ? Pourquoi les tromper, même
pour le bien ? cela leur fausse le jugement.

MADAME MILLER.

On les trompe dans des bagatelles qui ne signi-
fient rien, ou pour les faire rester tranquilles.

MADAME DESCHAMPS.

C'est un grand défaut, Madame ; rien n'est baga-
telle pour les enfans ; et puis cela leur apprend à

ne pas dire la vérité. « Viens ici, tu auras du bonbon. » Et on ne donne point de bonbon, c'est pour faire venir l'enfant. « Si tu fais cela, tu seras en pénitence ; on te mettra en prison ; tu auras le fouet, sois en sûr. » Et point de pénitence, point de prison, point de fouet. « Vous êtes méchant, Monsieur, je vais appeler un soldat qui vous coupera la tête avec son grand sabre. » Et, bien entendu, jamais de soldat, encore bien moins de grand sabre. « Sois bien sage, je t'emmènerai avec moi. » Puis on s'esquive par une autre porte, ou l'on s'échappe de quelque autre manière. N'est-ce pas là, Madame, ce que vous voyez et ce que vous entendez journellement ? Comment veut-on que des enfans ne soient pas menteurs et dissimulés, quand on les trompe ainsi dès le berceau ?

MADAME MILLER.

Pourtant, Madame, si je ne me cachais pas de mon gros Félix, quand j'ai à sortir, il pleurerait jusqu'à en devenir tout bleu. Je pense qu'il vaut bien mieux user de quelques petits stratagèmes,

MADAME DESCHAMPS.

Il y a une dame qui enchérit en ce point sur toutes les autres mères. Quand elle veut sortir sans sa fille, elle lui fait des raies sur les pieds avec de la craie rouge, et lui fait croire qu'elle ne peut pas marcher, les pieds ainsi tout en sang. Ces stratagèmes pitoyables ne sont employés que par des mères faibles qui ne savent ni se faire obéir, ni se faire respecter. Une fois qu'une mère a dit *oui*, ce doit être *oui*; et quand elle a dit *non*, ce doit être *non*. C'est à elle de ne jamais promettre ce qu'elle ne veut pas donner, de ne jamais menacer si elle ne veut punir, et de ne jamais tromper son enfant en quoi que ce soit.

MADAME MILLER.

Mais, Madame, à force de faire pleurer les enfans, ils se feraient du mal.

MADAME DESCHAMPS.

Les enfans gâtés pleurent dix fois plus que les autres : à la moindre fantaisie, ils crient, ils se mettent en colère, ils frappent des pieds, et se jettent par terre. Tandis que les enfans bien élevés ne pleurent que rarement, à moins qu'ils ne souffrent : ils sont si bien habitués à faire ce que veut leur mère, qu'ils ne s'imaginent seulement pas qu'on peut lui désobéir. Cette docilité leur est comme naturelle, parce que la mère a eu soin d'exiger dès leur plus tendre enfance, qu'ils obéissent au premier signe, et à l'instant même. Les enfans gâtés ne se portent pas mieux que les autres enfans, et font vingt fois autant de mal. N'est-il pas honteux pour une mère qu'un marmot de trois ans ait autant d'esclaves qu'il y a de personnes dans la maison?

MADAME MILLER.

Il est bien aisé de dire, Madame; mes enfans ne m'écoutent pas : que je commande, que j'ordonne, ils n'en tiennent aucun compte.

MADAME DESCHAMPS.

Parce que vous ne les avez pas habitués à obéir sans réplique. Une personne qui a l'autorité ne doit jamais commander deux fois la même chose. Vous dites peut-être comme tant d'autres: « Fais cela, mon fils….. Fais donc ce que je te dis….. Eh bien, tu ne m'écouteras pas ?….. Encore une fois, fais-le donc !…. Je ne te le dis plus qu'une fois !…. Oh ! le désobéissant !….. Comment ! je ne viendrai pas à bout de toi ?….. » Voilà justement tous les propos inutiles qui rendent les enfans si désobéissans. Nous avons eu pour voisine la veuve d'un officier retiré, qui me faisait mal avec sa manière d'élever ses enfans; et cependant, quelquefois, je n'ai pu m'empêcher d'en rire.

MADAME MILLER.

Il paraît que cette femme idolâtrait aussi ses enfans, et qu'elle ne savait pas, non plus que moi, s'en faire obéir ?

MADAME DESCHAMPS.

Elle gâtait, mais dans toute la force du terme, un petit garçon de deux ou trois ans . Il me semble

encore l'entendre crier contre son petit bonhomme:
« Restez ici, Monsieur. — Non. — N'ouvrez pas
la porte. » L'enfant courait l'ouvrir. « Allons,
venez, que je vous habille. — Je ne veux pas,
moi. — Je te défends de descendre, tu tomberais
à bas de l'escalier. — Crotte. » (*Excusez du terme*)
Et il descendait. « Ah ! polisson, que je t'entende!..
On ne dit pas crotte, cela n'est pas beau. — Crotte,
maman. » Et il descendait toujours. « Voyez, un
peu, ce petit mauvais sujet, comme il descend !....
j'ai beau le lui défendre, il ne m'écoute pas ! »
L'enfant se mettait à rire, comme pour narguer sa
mère. Celle-ci, charmée du sourire, et sans doute
de l'esprit de son fils, courait précipitamment au
bas de l'escalier, le prenait dans ses bras, et lui
disait, en le comblant de caresses : « Comment,
polisson !... Oh! le désobéissant, qui n'écoute pas
sa mère !..... Le loup te mangera puisque tu as dit
crotte à maman. » Mais ce qu'il y avait de plus
pitoyable c'était de voir et d'entendre la mère,
quand le petit pleurait, criait pendant des demi-
journées entières.

MADAME MILLER.

Et que faisait alors cette pauvre femme?

MADAME DESCHAMPS.

Elle était aux abois : « Qu'a-t-on fait à ce petit
là? je ne peux pas sortir un moment qu'on ne le
contrarie. Qui est-ce qui t'a fait pleurer mon fils?

— C'est Louise (*Sa sœur aînée de trois ans*) qui ne veut pas me donner sa poupée. — Donne-lui donc ta poupée, Louise; tu sais bien qu'il ne se taira pas. — Mais, maman, il va me la casser. — Allons, Mademoiselle, il ne faut pas faire pleurer les petits enfans. C'est toi qui le rends méchant; tu vois bien qu'il ne sait ce qu'il fait. » Le petit, ainsi soutenu de sa mère, et impatienté du retard, criait encore plus fort, il se mettait en colère, il frappait le plancher en se débattant comme s'il fut tombé d'un mal. La pauvre Louise courait vite lui porter sa poupée, dans la crainte d'être battue; mais le marmot n'en voulait plus; il la jetait par terre, il crachait au nez de sa sœur, et s'égratignait toute la figure.

MADAME MILLER.

Comment la mère faisait-elle pour le consoler?

MADAME DESCHAMPS.

Elle ne savait plus que devenir: « Je te l'avais bien dit entêtée; ce petit-là va se faire mal! Viens, mon homme, Louise est une méchante; attends, je vais lui donner le fouet. » Puis elle faisait semblant de battre sa fille pour apaiser son cher enfant. Quand il arrivait au petit de se heurter contre quelque meuble, il jetait des cris qui étourdissaient toute la maison. Puis, accourait la mère, hors d'haleine: « Qui est-ce qui t'a fait bobo, mon garçon? — C'est le mur, c'est la table. — Viens, nous le battrons. Tiens, méchant mur; tiens vilaine table;

pan! pan! pan! » Et le petit, qui ne pleurait que de colère, se taisait aussitôt. Quelle folie! quelle déraison! Ce n'était sans doute pas assez d'élever si mal ce pauvre enfant, il fallait encore lui inspirer de la haine, de la vengeance, en frappant ainsi pour le contenter même les objets insensibles. Il est presque impossible qu'un enfant, quand même il serait né bon, ne contracte pas des défauts essentiels, étant élevé de cette manière,

Mme MILLER. (*Essuyant quelques larmes*).

Savez-vous, Madame, qu'à l'exception de quelques mots grossiers, vous avez fait aujourd'hui mon histoire et celle de mes enfans? Est-il donc possible que l'amour-maternel aveugle ainsi presque toutes les femmes!

MADAME DESCHAMPS.

Toutes les mères n'ont pas à la fois tous les défauts, à Dieu ne plaise, il y aurait encore bien plus d'enfans gâtés; mais toutes, ou du moins presque toutes, ont un faible que personne ne connaît mieux que leurs propres enfans. Les unes ont une sévérité âpre, rebutante, qui tient les enfans dans une espèce de défiance, de crainte continuelle, et qui fait que les enfans n'ont point d'amitié pour leurs parens; les autres sont trop indulgentes, et passent sur tout, sous prétexte que les enfans deviendront raisonnables en grandissant; d'autres sont colères, brutales, et battent, fouettent leurs enfans pour des riens, pour une tasse cassée, pour une étourderie si pardonnable à l'enfance ; celles-ci grondent sans raison lorsqu'elles sont de mauvaise humeur, et repoussent un enfant qui vient tout naïvement les caresser, ou leur demander des joucts. Il y en a qui paraissent être indifférentes sur les défauts de leurs enfans : qu'on leur dise, votre petit a été malhonnête, menteur, il s'est battu, il a pris quelque chose à un autre enfant, elles répondent, d'un ton qui marque que cela les touche peu : « Que voulez-vous ? il n'écoute rien. » Pour celles-ci, elles sont indignes du nom de mères..

MADAME MILLER.

A votre compte, Madame, il paraît que pour bien élever les enfans, il faudrait être soi-même sans défaut ?

MADAME DESCHAMPS.

Du moins sans défaut essentiel, autant que possible. Je connais une dame qui n'a d'autre faible que d'aimer à voir sa petite fille bien parée, et à la faire briller dans les compagnies. La petite est gentille, mais difficile à élever. Sa mère la menace toujours de ne pas lui mettre telle ou telle robe, si elle n'est pas sage : mais, que la petite fasse bien ou mal, la mère n'a pas le courage de tenir sa parole, parce qu'elle-même serait plus punie que sa fille ; et les belles robes n'en sont pas moins déployées à la première occasion. Il n'en faut pas d'avantage pour gâter complètement cette bonne petite fille, d'ailleurs pleine d'esprit, mais qui demanderait des soins tout particuliers.

MADAME MILLER.

J'ai toujours cru que ma cousine élevait ses enfans avec trop de sévérité : ses pauvres petits sont devant elle comme des momies, n'osant presque bouger. C'est sans doute dans la crainte de l'imiter que je suis tombée dans un excès contraire. L'autre jour elle a fouetté d'importance une pauvre petite fille de quatre ans, pour avoir pris une assiette de poupée à un autre enfant, parce que c'était la troisième fois qu'il lui arrivait de voler. J'ai voulu demander grâce, mais il n'y a pas eu de rémission. Comme si ç'eût été une chose de conséquence ! Elle dit qu'elle n'en fait point d'autre pour le vol, pour le mensonge, et pour toutes les fautes graves, quand, après les avoir repris avec douceur, et les avoir mis en pénitence, les enfans ne veulent pas se corriger. Je ne pourrais jamais brutaliser ainsi de pauvres innocens. Il faut qu'elle soit bien dure, ou qu'elle n'aime guère ses enfans.

MADAME DESCHAMPS.

Il est possible que cette dame soit trop sévère sous d'autres rapports, mais je l'approuve entièrement de corriger ses enfans pour des défauts aussi essentiels, si les moyens doux ne réussissent pas. Une assiette de poupée, une feuille de papier, une épin-

gle, sont des choses de conséquence pour un enfant ;
et quand il a pris ces sortes de choses, il a réelle-
ment volé. Ne vaut-il pas mieux corriger un enfant
qui commence à discerner le bien d'avec le mal,
que de lui laisser prendre des habitudes vicieuses ?
Ne vous imaginez pas, Madame, que cela arrive
souvent : deux ou trois corrections un peu fermes
suffisent souvent pour toute la vie.

MADAME MILLER.

Qu'importe, il faut avoir un cœur de fer !

MADAME DESCHAMPS.

Il faut avoir un caractère ferme, et aimer ses enfans
d'un amour bien réglé. Je ne sais si une mère peut
aimer ses enfans plus que j'aime les miens, cependant je me suis crue obligée d'employer quelquefois
ces moyens durs pour corriger ma petite Coralie.
De grosses larmes me roulaient dans les yeux, mais
je l'ai corrigée par raison. Un jour la petite, pour
la seconde fois, avait pris à son frère un verre de
couleur, et elle m'assurait qu'elle ne l'avait pas touché. Je lui ai expliqué le mieux que j'ai pu qu'elle
s'était rendue coupable de deux fautes graves,
d'un vol et d'un mensonge. Je lui ai dit gravement,
mais avec calme, que j'étais obligée de la corriger,
que le bon Dieu le voulait, et puis, avec le même
calme, je l'ai fouettée un peu ferme ; ce qui n'aurait pas convenu si elle avait été en âge de raison. La
pauvre petite s'est aperçue que je pleurais, et qu'il

m'en coûtait beaucoup de la corriger ainsi. Cela lui a fait une telle impression, que depuis ce temps là, non-seulement elle n'a jamais pris la moindre chose, mais elle ne m'a plus dit aucun mensonge.

MADAME MILLER.

Voilà ce que jamais je ne pourrais faire !.... de sang froid, de propos délibéré, frapper son enfant comme si l'on faisait autre chose, c'est ce que je ne comprends pas. Passe encore quand on est fâché.

MADAME DESCHAMPS.

Soyez bien persuadée, Madame, que toutes les pénitences qu'on impose, toutes les corrections qu'on peut infliger à un enfant, lorsqu'on est fâché, et comme par impatience, sont des pénitences, des corrections tout-à-fait inutiles et entièrement perdues. Dès qu'un enfant remarque de la mauvaise humeur, de l'impatience, de la colère dans ceux qui le corrigent, il cherche à éluder la peine, s'il le peut ; il s'imagine qu'on le punit parce qu'on est fâché, et il ne fait aucun retour sur lui-même. Il faut, dans toute espèce de punition, qu'un enfant s'aperçoive qu'on agit par raison, parce qu'on veut son bien, parce qu'on l'aime : de cette manière, les corrections sont goûtées de l'enfant autant qu'elles peuvent l'être, et ont presque toujours les meilleurs résultats. Vous-même, Madame, si un supérieur, dans un moment de vivacité, ou étant ému par une passion quelconque, vous imposait une pénitence, vous tiendriez peu de cas d'un tel jugement.

MADAME MILLER.

Vous me réduisez au silence, Madame. Combien de fois n'ai-je pas dit à ma sœur la religieuse : « On voit bien que vous n'êtes pas mère, ma sœur : avec vos caresses mesurées, votre calme, vos pénitences réfléchies, vos corrections raisonnées et comme pesées dans la balance, vous ne savez ce que c'est que le cœur d'une mère. Si vous aviez eu des enfans, vous les auriez gâtés peut-être encore plus que les autres. » Mais, ici, je n'ai rien à répondre puisque c'est une mère qui me parle, et une mère qui a parfaitement réussi dans l'éducation de ses enfans. Cependant, Madame, cette idée de frapper les enfans révolte nécessairement le cœur d'une mère.

MADAME DESCHAMPS.

Ne croyez pas, Madame, que j'approuve la manière de certaines femmes emportées qui battent sans cesse leurs enfans ; c'est le moyen de les rendre méchans, menteurs, et d'en faire de vrais esclaves. Presque tous les enfans qui sont battus à tort et à travers chez leurs parens, deviennent par la suite de mauvais sujets. Quand je dis qu'il faut bien élever les enfans, je ne dis pas qu'il faut les battre, comme se l'imagine la femme de notre jardinier. Si, parfois, je lui dis d'avoir soin de bien élever sa fille, elle me répond aussitôt : « Mais, Madame, je ne peux pourtant pas toujours la battre : si je ne lui passais rien, il faudrait toucher dessus tant que la journée dure. » Cette pauvre femme ne voit point d'autres moyens que les coups.

MADAME MILLER.

Vous paraissez ici en contradiction avec vous-même, Madame : tout à l'heure vous me parliez de correction, de fouet, et maintenant vous semblez rejeter ces moyens durs. De quels moyens vous êtes-vous donc servie de préférence pour vos propres enfans ?

MADAME DESCHAMPS.

Des uns et des autres, selon le besoin et les circonstances. De loin en loin, quand les enfans tombent dans des fautes graves, et qu'on a lieu de penser que les moyens doux ne réussiraient pas, il est bon d'un peu les châtier, surtout s'ils sont d'un caractère turbulent et peu réfléchi. J'ai élevé mes deux aînés sans leur avoir jamais donné une chiquenaude, parce qu'ils étaient dociles par caractère, et que les moyens doux leur suffisaient ; mais, pour la plus jeune, qui était moins raisonnable, moins sensible, et d'une pétulence sans égale, j'ai été obligée, comme je vous l'ai dit, de me servir quelquefois d'une petite verge.

MADAME MILLER.

De cette manière, l'éducation des enfans deviendrait une étude sérieuse, et même très-difficile ?

MADAME DESCHAMPS.

Oui, Madame, c'est une étude; l'étude la plus importante des femmes, et principalement l'étude des jeunes filles.

MADAME MILLER.

Pourquoi plutôt des jeunes filles que des jeunes femmes?

MADAME DESCHAMPS.

Parce que, dans une maison, souvent les filles aînées se trouvent dans le cas de remplacer, auprès des plus jeunes enfans, une mère absente, malade, et quelquefois morte; parce que, d'ordinaire, les jeunes filles n'étant point embarrassées des affaires d'un ménage, ont bien plus de temps à donner à l'étude des devoirs qu'elles auront à remplir plus tard; et surtout parce que les filles, n'étant point encore aveuglées par l'amour maternel, se formeront aisément, d'après des principes sages, un plan d'éducation que dans la suite elles exécuteront facilement. Il est bien plus aisé de prévenir le mal que d'y remédier, cette maxime est généralement reçue.

MADAME MILLER.

Voilà des réflexions qui me paraissent tout-à-fait sages. Mais, Madame, sans me taxer de curiosité, je serais bien aise de savoir si vous vous êtes occupée de la manière d'élever les enfans avant que d'être mère?

MADAME DESCHAMPS.

Oui, Madame; et même long-temps avant mon mariage. J'ai lu des choses très-intéressantes sur l'éducation des enfans dans le *Comte de Valmont;* dans un *traité de l'éducation des filles,* par Fénélon; et dans un petit livre de piété que j'ai à la maison, et qui est à votre service. J'ai deux filles, et quand elles seront un peu plus grandes, je leur ferai lire et relire ces différens articles jusqu'à ce qu'elles les sachent presque par cœur.

MADAME MILLER.

Mais, Madame, si ces lectures vous semblent si nécessaires aux jeunes personnes, elles pourraient être aussi d'une grande utilité aux femmes qui ont de petits enfans?

MADAME DESCHAMPS.

Oui, si elles voulaient en profiter; mais, sur mille, vous en trouverez à peine une seule qui veuille changer sa manière d'élever les enfans: celle qui les gâte, les gâtera toujours; celle qui les bat, voudra toujours les battre; celle qui leur donne de mauvais exemples, ne se corrigera pas: toutes vous donneront de bonnes raisons pour justifier leur conduite; elles voudront toutes vous persuader qu'elles font le mieux qu'elles peuvent; et toutes, à l'exception peut-être d'une sur mille, continueront d'élever leurs enfans comme elles ont commencé.

MADAME MILLER.

Toutes vos observations, Madame, me paraisssent si justes, si vraies, si raisonnables, que je veux être du petit nombre de celles qui se corrigent. Mes enfans sont fort jeunes, et le mal, chez eux, ne sera pas sans remède. Si vous voulez avoir la bonté de me dire comment je dois m'y prendre pour récupérer le temps perdu, autant qu'il est possible, je vous promets, Madame, de faire en ce point, quoi qu'il m'en coûte, tout ce que vous jugerez à propos.

MADAME DESCHAMPS.

Je suis confuse autant qu'édifiée d'une telle disposition, Madame : avouer qu'on a eu tort et être disposé à réparer le mal, est le point essentiel. Mais je suis loin de me donner pour infaillible. Peut-être n'ai-je assez bien réussi dans l'éducation de mes enfans, que parce qu'ils étaient doués d'un bon naturel ; peut-être aussi, le bon Dieu les a-t-il bénis en faveur de ma bonne volonté. Cependant, Madame, pour répondre à la confiance que vous me témoignez, je consens volontiers à vous dire tout ce que je saurai de mieux, ce que je ferais moi-même pour mes propres enfans, si j'étais à votre place.

MADAME MILLER.

C'est tout ce que je désire, Madame ; vous me

rendrez un service important. Je suis cependant obligée de vous quitter un moment, car il serait possible que ma petite fût éveillée; mais je suis de retour en moins de cinq minutes..........

SUITE.

MADAME MILLER.

Je m'empresse de revenir à vous, Madame; il me tarde de recueillir vos avis. D'abord, ma petite Clarisse est absolument neuve : je ne la caresserai plus quand elle fera la méchante, et qu'elle voudra me battre; mais si dans la suite ce défaut venait à augmenter, que faudrait-il que je fisse?

MADAME DESCHAMPS.

Non-seulement, Madame, il ne faudra plus la caresser lorsqu'elle montrera de l'humeur et de l'impatience, mais il faudra un peu la gronder. Prenez bien garde de sourire en grondant, comme souvent on en a l'envie; c'est la mine que vous ferez, et non ce que vous direz, qui fera impression à l'enfant. Si, plus tard, ce défaut venait à augmenter, il serait bon de faire usage d'une petite verge, d'un air sérieux, mais sans la moindre marque d'impatience. ....

MADAME MILLER.

Il faudra peut-être en venir à cette extrémité

pour mon *gros père*. C'est un bon enfant, mais il est entêté, et il se met en colère dès que quelque chose ne va pas comme il veut : il se jette par terre, il trépigne, comme le petit de la femme dont vous m'avez parlé ; il donne sans distinction des coups de pied, des coups de poing, à tous ceux qui s'approchent de lui ; sa voix s'altère tellement qu'il ne peut plus prononcer les mots que syllabe par syllabe, comme s'il avait le hoquet ; et il étouffe ainsi dans les sanglots jusqu'à ce qu'il s'endort. Ce défaut me désole, Madame. Jusqu'ici j'ai toujours cédé pour éviter les scènes, mais je n'y ai rien gagné : il est déjà dans sa quatrième année, et il devient tous les jours plus méchant.

MADAME DESCHAMPS.

Aux grands maux, les grands remèdes, Madame. Voici ce que je ferais si votre fils était le mien. D'abord, sans céder à aucun entêtement, sans que l'enfant puisse se douter de rien, j'éviterais avec soin tout ce qui peut le mettre en colère, afin qu'il en perde l'habitude. Mais quand par hasard cela arriverait, je le laisserais pleurer, tempéter tout à son aise, sans lui rien dire, sans me moquer de lui, sans rire, ce qui est très-mauvais, sans avoir l'air de faire attention à lui en aucune façon ; car tout ce que je pourrais faire alors ne servirait qu'à irriter le mal. Puis, deux ou trois heures après, quand la colère serait entièrement passée, j'appellerais l'enfant et je lui dirais : « Tu as été méchant, mon bon ami, tu m'as fait bien de la peine; je voudrais bien t'embrasser, parce que je t'aime bien, mais le bon Dieu ne veut pas que les mamans caressent les enfans méchans, il veut qu'elles les corrigent : cela me fait beaucoup de peine, mais il faut que je te punisse afin qu'une autre fois tu sois plus sage. » Et puis, comme il est fort jeune, je le fouetterais tout bonnement avec une petite verge, sans tant de cérémonies; un peu plus ou moins fort, selon qu'il aurait été plus ou moins méchant, ayant soin de lui en expliquer la raison. Si l'enfant recevait mal la correction et se mettait de nouveau en colère, je le laisserais encore pleurer, et cette correction servirait pour deux fois. Si, au contraire, il paraissait touché et repentant, je lui dirais avec bonté : « Eh bien, promets-moi que tu ne seras plus méchant, je t'embrasserai. » Et, à la moindre marque de repentir, je l'embrasserais.

MADAME MILLER.

Quelle pénitence pour moi, Madame !.... Qu'importe, je sens que cette conduite est dictée par la sagesse, et je me soumets à votre décision, comme je vous l'ai promis; mais je doute si j'aurai le courage de réitérer souvent cette pénible opération,

MADAME DESCHAMPS.

Ne vous épouvantez pas inutilement, Madame : une première fois ne suffira pas pour le corriger, comme si vous vous y étiez prise dès le commenement ; mais trois ou quatre petites corrections de cette espèce suffiront, j'en suis sûre ; ou du moins, l'enfant ne se mettra plus que très-rarement en colère. Si cela arrive encore une ou deux fois, une ou deux fois encore employez le même remède, et bientôt vous aurez un bon garçon, docile, et doux comme un agneau. Quand votre petit sera sage, surtout quand vous verrez qu'il retient sa colère, vous aurez bien soin de le caresser beaucoup, de lui donner des bonbons, des joujoux, et de lui dire que c'est parce qu'il n'est plus méchant que vous l'aimez bien.

MADAME MILLER.

Si je pouvais le guérir de la colère par des moyens plus doux ?

MADAME DESCHAMPS.

Vous ferez fort bien de l'essayer, Madame ; car on ne doit employer la rigueur qu'à la dernière extrémité. J'ai vu des enfans qu'on a corrigés de ce défaut au moyen de l'ironie. Dès qu'ils commençaient à faire les mutins, on leur disait sans rire : « Ce n'est pas bien, comme cela ; on fait plus fort,..... on crie,,.... on frappe des pieds. » Aussitôt, l'enfant humilié, redoublait ses cris. Et puis, on reprenait sans la moindre émotion : « Eh bien, oui, comme cela ;..... encore un peu plus fort..... Là, c'est bien, maintenant ; continuez ;.... c'est juste comme cela que je vous disais de faire. »

«L'enfant, autant étonné qu'humilié de ces propos, se taisait à l'instant, ou ne pouvait s'empêcher de rire. Puis, on reprenait encore sur le même ton : « C'est déjà fini?..... c'est dommage;..... vous devriez bien recommencer encore un peu. » Alors toute la colère de l'enfant était finie. Mais ce remède ne convient pas aux enfans colères par tempérament ; et qui se portent à des excès, cela augmenterait peut-être le mal : on ne peut en user de la sorte qu'à l'égard des enfans qui ont déjà de la raison, qui ne sont colères que par malice, et qui peuvent se retenir de pleurer quand il leur plaît.

MADAME MILLER.

Voici un autre *diable*, maintenant; c'est mon Narcisse : il ne se met pas en colère, mais il est désobéissant et menteur. C'est un petit espiégle qui a l'esprit aussi ouvert qu'un enfant de dix ans; cependant il n'a que deux ans de plus que son frère. Quand je le gronde, il me regarde de côté, mais d'un air si malin, que souvent je ne peux m'empêcher de rire, et c'est malheureusement ce qui l'autorise. Et puis, il sait que je n'aime pas de le voir pleurer, parce qu'il est souvent malade, et le petit coquin en profite pour ne rien faire de ce que je lui dis. Ce qui me peine le plus en lui, c'est qu'il tourne fort adroitement ses mensonges. Je crains bien que celui-ci ne me donne, lui seul, autant de tablature que les trois autres.

MADAME DESCHAMPS.

Vos craintes semblent fondées, Madame; mais
le mal n'est pas sans remède. Comme l'enfant a
l'esprit ouvert, qu'il est capable de raisonnement,
et que d'ailleurs, étant délicat, il importe de ne
pas le faire pleurer, il faut le conduire par la raison,
et lui imposer des pénitences proportionnées à ses
fautes, après lui avoir expliqué, d'un ton posé et
réfléchi, que vous êtes obligée de le punir quand
il fait mal.

MADAME MILLER.

Il m'écoutera avec attention, mais quand il
verra que j'en viens aux effets?

MADAME DESCHAMPS.

Je crois, Madame, qu'avant toute chose, vous
ferez très-bien de le prendre à part, de l'embrasser,
et de lui dire avec douceur: « Ecoute, mon ami,
jusqu'ici je t'ai un peu gâté, et j'ai eu tort; mais je
ne veux plus te traiter en petit enfant; et, dès
aujourd'hui, je vais me conduire avec toi comme
avec un grand garçon. Il faut que tu te corriges
de tes défauts, parce que, sans cela, je serais obligée de te punir. Ainsi, dès maintenant, tu ne diras
plus aucun mensonge, comme font les enfans mal
élevés, et tu auras soin de m'obéir aussitôt que je
te commanderai quelque chose, sans quoi je serais

2.

forcée de te mettre en pénitence, comme un enfant qui n'est pas encore raisonnable. Chaque fois que tu m'avoueras une faute sans chercher à t'excuser et à me dire des mensonges, je verrai que tu as assez d'esprit pour te corriger toi-même; je te reprendrai, parce que je t'aime, mais je ne te punirai pas. »

MADAME MILLER.

Permettez, Madame. Ce discours touchera l'enfant, parce qu'il est très-sensible, et en état de le comprendre, mais une heure après il n'y pensera plus.

MADAME DESCHAMPS

Pardon, Madame; il ne l'oubliera pas, si vous avez soin de l'en faire ressouvenir en exécutant à la lettre ce que vous lui aurez dit; et toujours en lui expliquant, d'un ton de raison, que vous êtes obligée de le punir quand il commet des fautes, que c'est le devoir d'une bonne mère.

MADAME MILLER.

Quelles pénitences pourrai-je lui imposer?

MADAME DESCHAMPS.

De petites pénitences que vous lui ferez regarder comme très-grandes : ne pas l'embrasser pendant un jour; ne pas l'emmener à la promenade; le faire manger dans un coin de la chambre : pour le mensonge, qui est le défaut le plus détestable, donnez-lui une pénitence extraordinaire, comme, par exemple, de ne pas vous appeler *maman* pendant un jour ou deux. Vous lui direz que sa langue ayant proféré un mensonge, vous voulez que pendant ce temps il vous appelle *madame*, qu'autrement vous ne lui répondrez pas.

MADAME MILLER.

Cela va lui crever le cœur.

MADAME DESCHAMPS.

Tant mieux. S'il marque du repentir, s'il vous demande pardon, surtout si les fautes sont plus rares, il faudra être très-indulgente. Pour l'habituer à vous obéir promptement, et pour éviter les pénitences trop fréquentes, il faudra avoir soin dans les commencemens de ne lui commander que des choses qu'il fait volontiers ; et puis, beaucoup le louer quand il fera son devoir de bonne grâce. Vous ferez bien plus par les moyens doux, par la raison et par les louanges, qu'en voulant le dominer par la force : le caractère de cet enfant demande qu'on le conduise avec prudence.

MADAME MILLER.

Ma cousine me dit de le mettre à la campagne, chez une de mes sœurs, afin qu'il oublie le faible que j'ai pour lui, et qu'à son retour je puisse le mettre sur un bon pied.

MADAME DESCHAMPS.

Ce moyen est très-bon lorsqu'on a lieu de croire qu'il serait trop difficile d'habituer tout d'un coup certains enfans à une nouvelle méthode. Mais je tiens beaucoup à ce que les enfans ne quittent pas leur mère : les *tatans*, par honnêteté pour leurs sœurs, se font comme une espèce de devoir de gâter aussi les enfans. Et puis, à la campagne surtout, les enfans sans leur mère, s'habituent à manger hors des repas, et même toute la journée, ce qui est aussi contraire à la santé qu'à la bonne éducation : ce défaut abrutit les enfans, les porte à dérober en cachette pour satisfaire leur gourmandise, et peut être pour eux la source de bien des excès déplorables.

MADAME MILLER

Et de mon aînée, Madame, qu'en allons-nous faire? C'est une enfant qui n'a point de défaut essentiel, mais elle est d'une lenteur qui me donne des impatiences continuelles. Elle a près de huit ans, et elle ne fait encore rien, pas même les chiffons de ses poupées. Dès que je lui parle d'un bas, d'un ourlet, d'un ouvrage quelconque, cela la fait bâiller. Je serais pourtant bien aise d'un peu l'habituer à travailler : mais on dirait qu'on lui a coulé du plomb dans les veines.

MADAME DESCHAMPS.

Cette lenteur lui étant naturelle, il ne faut pas trop la forcer. Le seul moyen de la mettre doucement à l'ouvrage c'est de le lui faire aimer. Sans qu'elle sache pourquoi, donnez-lui toujours l'ouvrage qu'elle hait le moins; travaillez avec elle; soyez enfant avec elle; jouez à la tâche, et laissez-la gagner à dessein pour l'encourager; montrez avec éloge les petits ouvrages qu'elle aura passablement faits. Par ces petits stratagèmes, et par d'autres semblables, votre aînée s'habituera à travailler sans contrainte, et elle finira par aimer l'ouvrage.

MADAME MILLER.

Ceci serait bien, Madame, mais la petite ne se plaît pas avec moi; elle fait sans cesse des cachotteries: on dirait toujours qu'elle a peur que je ne voie ce qu'elle fait. Il paraît qu'elle me craint beaucoup plus qu'elle ne m'aime.

MADAME DESCHAMPS.

C'est que, peut-être, à cause de sa lenteur, vous l'aurez un peu rebutée; ou que vous n'avez pas cherché à gagner sa confiance. Ceci est d'une très-grande importance, Madame : il faut qu'un enfant n'ait pas de meilleur ami, de meilleur confident que sa mère. Parlez-lui avec bonté, avec intérêt de toutes ses petites affaires; laissez-lui voir combien vous l'aimez, combien tout ce qui la regarde

vous touche de près, notamment quand elle aura
de petites peines ; confiez-lui vous-même quelques
petits secrets, et engagez-la à vous faire aussi quelques confidences, à n'avoir rien de caché pour vous ;
répondez avec amitié, autant que vous le pourrez,
à toutes ces questions enfantines, sans vous en moquer, et surtout sans jamais la tromper. S'il lui
arrive de faire quelque faute, et qu'elle vous
l'avoue d'elle-même, ne la grondez pas durement ;
mais faites-lui remarquer avec douceur le mal
qu'elle a fait, lui marquant même de l'amitié,
non pour la faute qu'elle a commise, mais pour la
confiance qu'elle vous aura témoignée. Il est si aisé
d'avoir la confiance de ses enfans ! Et sans cette
confiance de quoi servent tous les soins d'une bonne
mère ?

MADAME MILLER.

Il se présente à mon esprit plusieurs pensées auxquelles je désirerais que vous eussiez encore la bonté
de répondre, Madame. Tout ce que vous m'avez
dit est fort bien, je suis pleinement satisfaite quant
à mon propre compte ; mais cela ne pourrait convenir à toutes les mères : car, enfin, pour avoir un
si grand soin de ses enfans, il faut y donner la plus
grande partie de son temps, et la plupart des femmes sont obligées, ou d'être à leur commerce, ou
de travailler pour gagner leur vie : toutes n'ont pas
le temps de s'occuper exclusivement de l'éducation
de leurs enfans ?

MADAME DESCHAMPS.

Je ne prétends pas non plus que les mères doivent faire l'impossible, mais je dis qu'elles doivent faire tout ce qui dépend d'elles pour bien élever leurs enfans. Celles qui ont moins de temps à leur donner, sont encore plus intéressées que les autres à les élever avec soin, puisque les enfans gâtés sont bien plus difficiles à garder que les autres enfans: ils sont toujours prêts à crier, à tourmenter leur mère ou les personnes auxquelles elle les confie.

MADAME MILLER.

Vos raisons sont toujours sans réplique, Madame; mais voici une autre observation. C'est que les enfans ne sont pas toujours les mêmes; ils changent en grandissant: souvent ils ne quittent une mauvaise habitude que pour en prendre d'autres plus mauvaises, encore, cela se voit fréquemment?

MADAME DESCHAMPS.

Aussi les mères qui connaissent toute l'importance de leurs devoirs, ont-elles grand soin de proportionner les punitions, les récompenses, et leur manière d'agir, à l'âge, aux circonstances, et à l'esprit de chaque enfant. Une chose qui est aussi des plus importantes, c'est de ne jamais laisser les enfans seuls, toujours il en résulte des inconvéniens: ou ils se font du mal; ou ils se querellent, se battent;

ou ils se permettent des paroles peu séantes, des jeux où la décence n'est pas observée, ce qui porte les premières atteintes à l'innocence des enfans. J'entends dire tous les jours dans le monde : « Ce sont des enfans, ils n'ont point de malice ; ils ne pensent qu'à s'amuser, pourquoi les gêner dans leurs jeux ? » L'expérience prouve qu'on ne saurait trop soigner les enfans sous le rapport de la décence. Je vous assure, Madame, que, sur ce point, je me suis crue obligée de pousser l'exactitude jusqu'à ne pas permettre à mes enfans de jouer avec leurs poupées nues, ou sans être décemment couvertes.

MADAME MILLER.

Pour ce qui est de la décence, j'ai toujours été de votre avis, Madame ; mais j'attachais peu d'importance à la première éducation des enfans : je pensais qu'en les mettant à l'école, ou dans une pension, on aurait bientôt fait de les redresser, et de les mettre à l'ordre.

MADAME DESCHAMPS.

Vous étiez dans une grande erreur, Madame. On n'entend que cela journellement : « Il est un peu gâté, mais je vais le mettre à l'école, il faudra bien qu'il devienne sage. » On s'imagine donc qu'un maître, qu'une maîtresse, vont refondre les enfans et les rendre sans défaut ? C'est chose impossible, Madame : les premiers principes font sur l'esprit des enfans des impressions qui durent toute la vie.

MADAME MILLER.

Mais, étant à l'école, il faut, bon gré, mal gré, qu'ils obéissent : ils voient bien que tous les autres enfans écoutent le maître ; ils obéissent en masse avec les autres, et s'habituent insensiblement à la discipline.

MADAME DESCHAMPS.

Sans doute, qu'un enfant mal élevé profitera toujours beaucoup dans une école bien disciplinée ; mais les défauts de sa première enfance, enracinés dans son jeune cœur, n'en seront pas moins pour lui et pour les autres la source de bien des maux. Savez-vous, Madame, ce que c'est qu'un enfant gâté, dans une école ? C'est la peste de la petite société : il y donne de mauvais exemples, il y corrompt les autres enfans, et s'y fait détester de tout le monde. Les enfans gâtés font le tourment de leurs parens ; ils font le tourment de ceux qui sont chargés de les instruire ; ils scandalisent leurs compagnons ; ils font leur propre malheur, et, par la suite, le malheur de tout ce qui les entoure. Certes, les parens qui élèvent mal leurs enfans rendent un bien mauvais service à la société ! Je connais une jeune personne qui, sans doute, aurait été plus tard une femme de mérite, si ses parens ne l'avaient pas tant gâtée dans sa première enfance ; mais, par suite de ce malheur, elle est d'une humeur insupportable, orgueilleuse, menteuse, méchante; et, si elle ne se corrige, elle sera bien malheureuse, et fera le tourment de ceux qui seront condamnés à vivre avec elle.

MADAME MILLER.

Cependant, Madame, il y a encore des exceptions: on a vu des enfans mal élevés qui se sont portés au bien; et on en a vu d'autres qui avaient été élevés avec soin, et qui se sont mal tournés dans la suite.

MADAME DESCHAMPS.

Oui, Madame; mais rien de plus raré que ces exceptions; et encore, quand on examine les choses de près, on remarque que dans l'éducation de ces derniers, il y a eu des défauts essentiels. L'homme est naturellement plus porté au mal qu'au bien, et s'il est vicieux dans son enfance, il faudra une espèce de miracle pour que dans la suite il devienne bon et vertueux. Jetez un coup d'œil général sur la société, vous verrez que tous les gens estimables, les personnes de probité, ont été bien élevés par leurs parens; et que tous les fléaux de familles, les gens insupportables et à eux-mêmes, et aux autres; les hommes d'un caractère épineux, emporté, qui scandalisent leurs enfans, leurs domestiques, et tous ceux qui les approchent; les femmes babillardes, impérieuses, coquettes, qui désolent leurs maris, et qu'on pourrait appeler des *ruine-maisons*, ont été autrefois ce que nous appelons maintenant des enfans gâtés.

MADAME MILLER.

Jamais, Madame, je n'aurais tiré de telles conséquences de la première éducation des enfans. Je suis très-reconnaissante des avis sages que vous avez eu la bonté de me donner aujourd'hui. Seulement, je regrette fort de ne vous avoir pas connue plus tôt : vos conseils m'auraient épargné bien des peines, et à mes enfans, de petites corrections qui ne leur seraient pas nécessaires maintenant. J'ai encore à vous remercier de m'avoir indiqué différens ouvrages qui traitent de la manière d'élever les enfans. Je connais le traité de l'éducation des filles, par Fénélon, et je me ferai un devoir de le lire; mais vous m'avez aussi parlé d'un petit livre de piété qui traite de cette matière, je le lirai d'autant plus volontiers que je ne le connais pas, et que c'est vous, Madame, qui me le proposez.

MADAME DESCHAMPS.

Le voilà, Madame; je vous l'enverrai ce soir. Vous n'y trouverez qu'une seule lettre sur l'éducation des enfans, mais elle m'a paru assez essentielle pour être citée. Comme elle n'est que de huit ou neuf pages, si vous avez encore quelques minutes, je me ferai un plaisir de vous en faire préalablement la lecture. La voici. C'est une amie qui écrit à son amie.

Émélie à son amie.

« Il faut encore que je cède à ta prière, ma chère
« Zoé, je le vois bien ; mais le plaisir de m'entre-
« tenir avec toi me sera d'autant plus sensible que
« ton petit voyage m'a privée trop long-temps de
« tes nouvelles. Je n'ai rien voulu te dire de l'édu-
« cation des enfans dans la crainte de me tromper,
« et de passer pour une imprudente ; mais tu sais
« combien je t'aime, et combien il m'en coûterait
« de te refuser quelque chose. Ecoute donc avec
« indulgence ton amie la plus sincère ; si elle va
« encore te donner des conseils, ce n'est que pour
« se rendre à tes désirs.

« Prie beaucoup pour tes enfans ; offre-les à
« Dieu tous les jours comme des dépôts sacrés qu'il
« a confiés à tes soins ; demande-lui souvent la grace
« de bien réussir dans leur éducation ; supplie-le
« de t'accorder ses lumières dans une affaire si déli-
« cate et si importante : demande-lui surtout que
« ces jeunes enfans ne perdent jamais l'innocence
« du baptême. Le bon Dieu se plaît à orner l'âme
« des enfans nés de parens vraiment pieux et dignes
« de lui : les enfans vertueux sont pour de bons
« parens la plus douce récompense.

« Un des premiers devoirs d'une mère est de
« nourrir elle-même ses enfans, à moins que pour
« des causes graves il ne lui soit impossible de le
« faire : les cris des enfans, les incommodités aux-

« quelles les nourrices sont exposées; les précautions
« qu'elles doivent prendre pour ne pas compro-
« mettre leur santé et celle de leurs nourrisons, les
« privations qu'elles sont obligées de s'imposer, ne
« sont pas des raisons pour se dispenser de remplir
« les fonctions de la maternité ; ce ne sont que des
« prétextes frivoles dont les femmes élevées trop
« délicatement colorent leur mollesse et leur lâcheté,
« mais qui ne les excuseront pas devant Dieu. On
« dit qu'une femme n'est mère qu'à demi, si elle
« refuse son lait à l'enfant qu'elle a mis au monde.
« Combien de mères coupables sur cet article !

« Autant que tu le pourras, règle tes enfans pour
« le manger, pour le boire et pour le dormir : ils
« s'en porteront mieux, et tu t'en trouveras bien
« toi-même. Dès qu'ils commenceront à te con-
« naître, il faut t'en faire respecter. Garde-toi bien
« de te rendre indifféremment à tous leurs cris, à
« tous leurs petits désirs; ils finiraient par pleurer
« à tous momens, et tu deviendrais leur esclave :
« ces petits êtres pensent avant de pouvoir parler,
« et ils savent très-bien distinguer de quelle ma-
« nière ils se font obéir. Si c'est la douleur ou le
« besoin qui est la cause de leurs larmes, fais tout
« ce qui dépendra de toi pour les soulager; mais
« si c'est la colère ou l'entêtement, laisse-les pleurer
« sans avoir l'air d'y faire attention : c'est ici qu'il
« faut savoir prendre sur soi et résister à son cœur.
« Je sens toute la difficulté d'une telle conduite;
« cette dureté apparente coûte à la tendresse d'une

(46)

« mère, mais avant tout il faut être raisonnable.
« Cependant, si tu craignais que tes enfans ne se
« fissent du mal en pleurant, il faudrait tâcher de
« les distraire par quelque bruit ou par quelque
« autre moyen propre à captiver leur attention,
« mais de manière qu'ils ne pussent s'apercevoir
« de ton intention.

   « Comme toutes les mères, tu aimeras tes enfans
« plus que toi-même ; pour eux, tu sacrifieras avec
« joie ton repos et tout ce que tu as de plus cher ;
« leurs cris te perceront le cœur, et leur premier
« sourire te dédommagera de toutes tes peines.
« Lorsqu'ils commenceront à balbutier le doux nom
« de *maman*, et à faire quelques petites gentil-
« lesses, ils te paraîtront plus beaux, plus aimables,
« plus charmans que jamais. Souvent, je te le dis
« encore, tu seras obligée de modérer cet amour
« trop tendre et de le régler d'après la raison.
« Caresse-les, amuse-les, donne-leur tout ce qu'ils
« te demandent lorsqu'ils seront de bonne humeur ;
« approche-les de ce qu'ils désirent, afin qu'ils
« s'imaginent se servir eux-mêmes ; mais dès qu'il
« y a de la mauvaise humeur, de la malice et de
« l'entêtement, il faut ne leur céder en rien, leur
« montrer un visage sévère et un air froid. Garde-
« toi bien alors de les caresser, comme pour ap-
« plaudir au mal qu'il font ; c'est le faible de pres-
« que toutes les mères ; pour s'épargner la peine
« d'entendre pleurer leurs enfans, elles les flattent,
« elles leur prodiguent mille caresses, lorsqu'il

« faudrait les gronder. Mais si tes enfans prenaient
« l'habitude de bouder, il faudrait, comme je l'ai
« déjà dit, tâcher de les distraire sans qu'ils s'en
« aperçussent.

« Dès les premières lueurs de la raison, parle-
« leur de Dieu, apprends-leur quelques petites
« prières, mais non en forme de jeu : fais en sorte
« que le nom de Dieu les remplisse de respect et
« de reconnaissance, et que leurs prières enfantines
« soient pour eux une chose sacrée : exige qu'ils se
« maintiennent en les récitant, afin qu'ils prennent
« une juste idée de là prière. Dis-leur que Dieu
« voit tout, qu'il entend tout, qu'il est partout ;
« dis-leur surtout qu'il est infiniment bon, que
« c'est lui qui fait venir le pain, les fruits et tout
« ce qu'ils voient sur la terre : il faut qu'ils aiment
« Dieu, et qu'ils craignent par-dessus tout de lui
« déplaire. Ne ris jamais en les grondant, ni quand
« tu leur verras faire quelque chose de répréhen-
« sible : dis-leur que s'ils veulent être méchans,
« le bon Dieu ne les aimera plus ; que cette me-
« nace leur soit très-sensible et les afflige sincère-
« ment. Quand tu leur dis qu'une chose est mal,
« ne prends pas un air satisfait, comme quand tu
« les encourages à bien faire : le regard, le ton de
« voix, la manière de les reprendre leur fait plus
« d'impression que les mots, dont ils ne connais-
« sent la valeur que par le visage de leurs parens.
« Dis-leur toujours la vérité et ne les trompe ja-
« mais, même dans les plus petites choses : il faut

« que les pères et les mères soient des dieux a
« yeux de leurs enfans. Rien de si clairvoyant que
« ces jeunes enfans dont on ne se défie pas, rien
« ne leur échappe : aussi si quelque chose paraît
« scandaliser un enfant, il faut lui faire voir le
« motif pour lequel on croit devoir agir, toujours
« sans que l'enfant s'aperçoive de toutes les pré-
« cautions qu'on prend pour lui.

  « Ne souffre pas le plus léger mensonge dans tes
« enfans ; apprends-leur à dire les choses telles
« qu'elles sont, sans aucun détour, même dans
« les fautes qu'ils commettent. Exige qu'ils t'obéis-
« sent à la première parole, au premier signe, sans
« réplique, et toujours de bonne grace. Tant que
« la raison n'est pas bien formée, il faut qu'un enfant
« obéisse aveuglément : papa le veut, maman le
« veut, voilà sa loi. Plus tard, quoique les enfans
« ne soient jamais dispensés d'obéir (excepté pour-
« tant quand le commandement est contraire à la
« loi de Dieu), les parens doivent leur laisser sou-
« vent entrevoir qu'ils ne commandent rien sans
« raison et sans de bons motifs. Que cette grande
« exactitude ne t'inquiète pas, ma chère amie ; il
« s'agit simplement de les habituer à ne mentir
« jamais et à obéir promptement : ils le feront
« comme naturellement et sans qu'il leur en coûte
« rien, si tu sais t'en faire respecter.

  « Tes enfans penseront comme tu penseras toi-
« même : tâche de leur inspirer un grand désir
« d'apprendre ; fais-leur envisager ce devoir, non

« comme une tâche pénible, mais comme une oc-
« cupation noble et des plus importantes. Lis toi-
« même leurs leçons ; occupe-toi de ce qu'ils font,
« de ce qu'ils doivent faire. Qu'ils aient une haute
« idée de leurs maîtres, qu'ils tiennent beaucoup
« à les contenter ; que toujours ils leur témoignent
« une véritable reconnaissance, et que jamais ils ne
« s'en plaignent. Fais des observations à ceux aux-
« quels tu les confies, si tu le juges à propos, mais
« que tes enfans n'en sachent rien : les personnes
« qui soignent les enfans et celles qui les instruisent,
« ne doivent jamais avoir tort qu'aux yeux des
« parens. Il y a des mères tellement aveugles que
« tous leurs soins se bornent à recommander qu'on
« ne fasse pas pleurer leurs enfans. Si tes enfans
« sont naturellement studieux, ne crains pas de
« les encourager par quelques louanges ; fais-leur
« voir que tu es contente. Ne les menace jamais
« de leur faire apprendre quelque chose de nou-
« veau et de multiplier leurs petits devoirs, ceci
« doit être regardé comme une récompense. Fais-
« leur estimer ce qui est vraiment estimable, et
« qu'ils méprisent tout ce que l'on doit mépriser en
« effet. Que leur mise et tous les colifichets ne
« soient rien à leurs yeux ; parle-leur de toutes ces
« choses comme de pures bagatelles : la propreté
« doit être leur seule parure. Qu'ils soient toujours,
« et en tout temps, décemment couverts, même
« dans l'âge le plus tendre : la décence doit être
« leur première vertu, et ne souffre en eux aucune

« habitude qui y soit contraire; ceci demande un
« soin tout particulier.

« Fais en sorte que tes enfans se plaisent avec
« toi plus qu'avec toute autre personne; sois de
« leurs jeux, de leurs promenades, comme de leurs
« devoirs. Qu'ils ne voient qu'un petit nombre
« d'enfans, mais bien élevés, et incapables de
« leur donner de mauvais exemples; et que tout
« ce qui se passe entr'eux, tout, en général,
« se passe sous tes yeux. Tes enfans y seront
« tellement habitués, tu leur seras tellement né-
« cessaire, qu'ils ne pourront vivre sans toi : tu
« seras leur seule confidente; mais prends bien
« garde de leur fermer le cœur lorsqu'ils te com-
« muniqueront leurs petits secrets. Console-les
« dans ce qu'ils appelleront leurs peines, et fais-
« leur remarquer avec douceur les fautes qu'ils
« commettent par inadvertance. Ne les laisse jamais
« seuls avec les domestiques : sans parler de mille
« dangers graves, ils prendraient au moins la mau-
« vaise habitude de mal s'exprimer. Ce n'est pas
« que je méprise ces pauvres gens, il y a de bons,
« de parfaits domestiques; mais tu n'ignores pas
« combien il y en a de mauvais, d'hypocrites et
« de corrupteurs. Par-dessus tout, je t'en prie, ma
« chère Zoé, que la religion de tes enfans croisse
« avec eux, et que par la suite tu n'aies pas la
« douleur de n'avoir élevé que des hommes et
« non des chrétiens.

« Pour les corrections, il y en a de mille espèces.

« Ne frappe pas tes enfans, tu en ferais des esclaves;
« on doit rarement se servir de la verge. Ne prends
« pas non plus la mauvaise habitude de trouver
« mal tout ce qu'ils font, de leur parler toujours en
« grondant, ils t'aimeraient peu et te craindraient
« trop : il faut les instruire avec beaucoup de pa-
« tience et ne les gronder que le moins possible.
« Prends-les par le sentiment; qu'ils s'aperçoivent
« que tu ne les punis qu'à regret, et pour leur plus
« grand bien; laisse-leur voir combien il t'en coûte
« d'être sévère à leur égard. Ne leur donne pas pour
« pénitence des choses qu'ils doivent aimer, comme
« la prière ou quelqu'autre devoir essentiel; et
« n'emploie les corrections dures que pour des
« fautes graves et d'habitude. Le vol, le mensonge,
« l'opiniâtreté doivent être punis très sévèrement,
« quand même il ne s'agirait que de bagatelles : ces
« défauts se tiennent comme par la main, ils nais-
« sent pour ainsi dire avec les enfans, et ils ont
« presque toujours les suites les plus fâcheuses, s'ils
« ne sont réprimés dès la première enfance. Jamais
« on ne doit menacer un enfant de telle ou telle
« pénitence, à moins qu'on ne soit bien décidé à lui
« tenir parole; car, quelle que soit une pénitence,
« dès qu'elle est infligée, il faut que l'enfant la
« subisse : il vaut mieux ne pas punir que de me-
« nacer mal à propos. Ce point est un des plus es-
« sentiels, si tu veux réussir dans l'éducation de tes
« enfans. Apprends-leur à faire des excuses et à de-
« mander pardon; dis-leur pour les encourager : « Je

« vois bien que vous êtes fâchés d'avoir été mé-
« chans ; puisque vous vous repentez de cette faute,
« le bon Dieu vous la pardonnera : promettez-moi
« bien sincèrement que vous serez toujours sages. »
« Va plutôt au devant de leur petit repentir que
« de les laisser bouder long-temps , cela leur gâte
« le caractère ; mais ce n'est pas là le moment de
« les caresser, à moins qu'ils ne reviennent d'eux-
« mêmes et qu'ils ne demandent sincèrement par-
« don. Une mère tendre invente tous les jours de
« nouveaux stratagèmes pour manier le cœur de
« ses enfans, et les faire mouvoir à son gré : elle
« étudie sans cesse leurs différens caractères; elle
« traite les uns avec sévérité, loue et encourage les
« autres, et les conduit tous de la manière qui
« convient à chacun. J'en suis sûre par avance, tes
« enfans seront bons, pieux, doux, raisonnables,
« polis, complaisans; ils te donneront toutes sortes
« de satisfactions parce qu'ils seront élevés avec soin:
« tu t'attacheras de préférence aux vertus essen-
« tielles ; mais qui saura mieux que toi joindre
« l'agréable à l'utile.

« Juge, ma chère amie, si je devais craindre de
« toucher à cet article ; je finis ma lettre sans avoir
« presque rien dit. Élever des enfans est une chose
« si délicate que je n'osais m'en rapporter à mon
« propre jugement. Prends ce qu'il y a de bon dans
« ce que j'ai cru devoir te dire, et demande conseil
« sur tout ce qui te paraîtra tant soit peu suspect.
« Pourquoi me forçais-tu à parler sur un tel sujet?

« comme si je pouvais redresser le cœur des mères !
« Si je me suis mal acquittée de ma tàche, tu ne
« peux t'en prendre qu'à toi-même, ou plutôt à
« l'amitié que j'ai pour toi. »

Les Songes d'Émélie.

MADAME MILLER.

Ah ! Madame, combien de jeunes femmes auraient besoin de méditer de semblables lectures,
au lieu de se décharger sur les autres du soin de
leurs enfans ! Quel compte n'aurons-nous pas à
rendre à Dieu de la conduite de ceux à qui nous
avons donné le jour !

MADAME DESCHAMPS.

C'est malheureusement ce à quoi ne pensent pas
la plupart des femmes : nous nous occupons de bagatelles, tandis que nous négligeons ce qu'il y a
de plus important. Une chose que nous ne devrions
jamais oublier, c'est qu'en tout nous sommes obligées de donner le bon exemple à nos enfans.

FIN.